Impressum
Verlag: BABADADA GmbH, Nedderfeld 112 , 22529 Hamburg
Geschäftsführer / Verlagsleitung: Harald Hof
Druck: Books on Demand GmbH, In de Tarpen 42, 22848 Norderstedt

Imprint
Publisher: BABADADA GmbH, Nedderfeld 112 , 22529 Hamburg, Germany
Managing Director / Publishing direction: Harald Hof
Print: Books on Demand GmbH, In de Tarpen 42, 22848 Norderstedt, Germany

学校

school

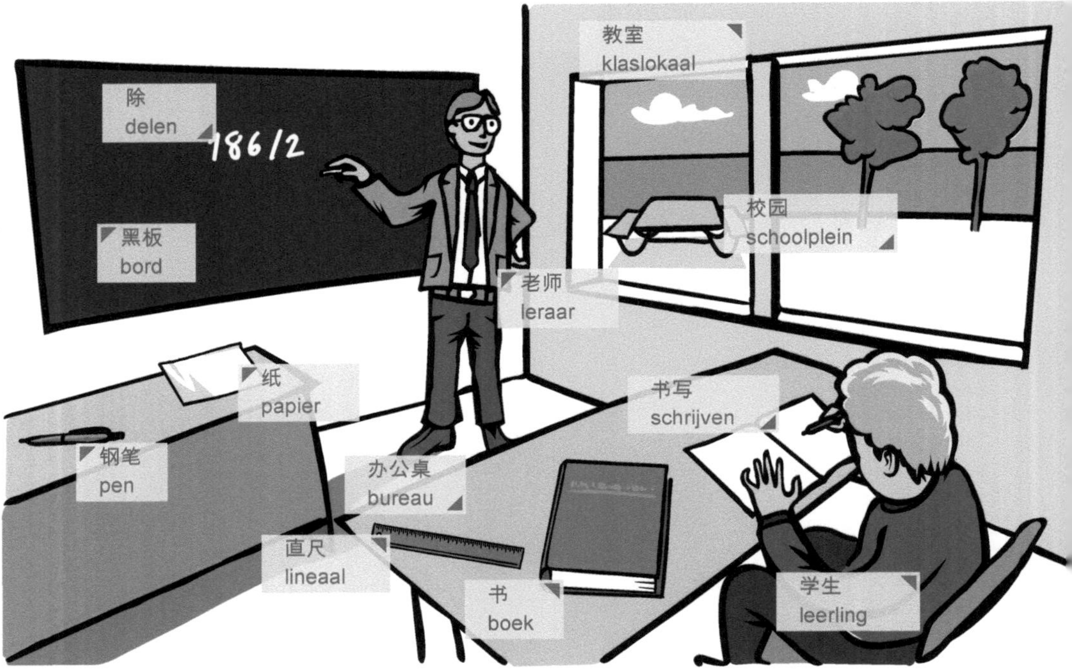

教室
klaslokaal
除
delen
186/2
黑板
bord
校园
schoolplein
老师
leraar
纸
papier
书写
schrijven
钢笔
pen
办公桌
bureau
直尺
lineaal
书
boek
学生
leerling

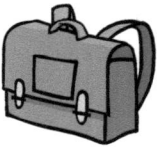

书包

schooltas

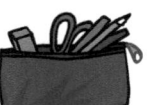

铅笔盒

etui

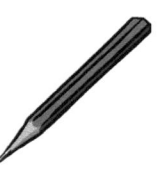

铅笔

potlood

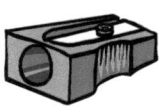

卷笔刀

puntenslijper

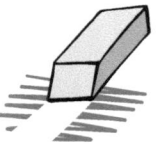

橡皮擦

gum

画板

schetsblok

图画
tekening

画笔
penseel

颜料盒
verfdoos

剪刀
schaar

胶水
lijm

练习册
schrift

家庭作业
huiswerk

12

数字
getal

2+2

加
optellen

5-2

减
aftrekken

2×2

乘
vermenigvuldigen

计算
rekenen

A

字母
letter

ABCDEFG
HIJKLMN
OPQRSTU
VWXYZ

字母表
alfabet

hello

字
woord

课文

tekst

读

lezen

粉笔

krijt

上课

les

登记

klassenboek

考试

examen

证书

diploma

校服

schooluniform

教育

opleiding

百科全书

encyclopedie

大学

universiteit

显微镜

microscoop

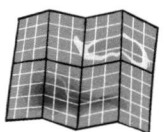

地图

kaart

废纸筐

prullenmand

旅行
reis

酒店
hotel
Grand
青年旅社
hostel
ROOMS
外币兑换处
wisselkantoor
EXCHANGE
手提箱
koffer
汽车
auto

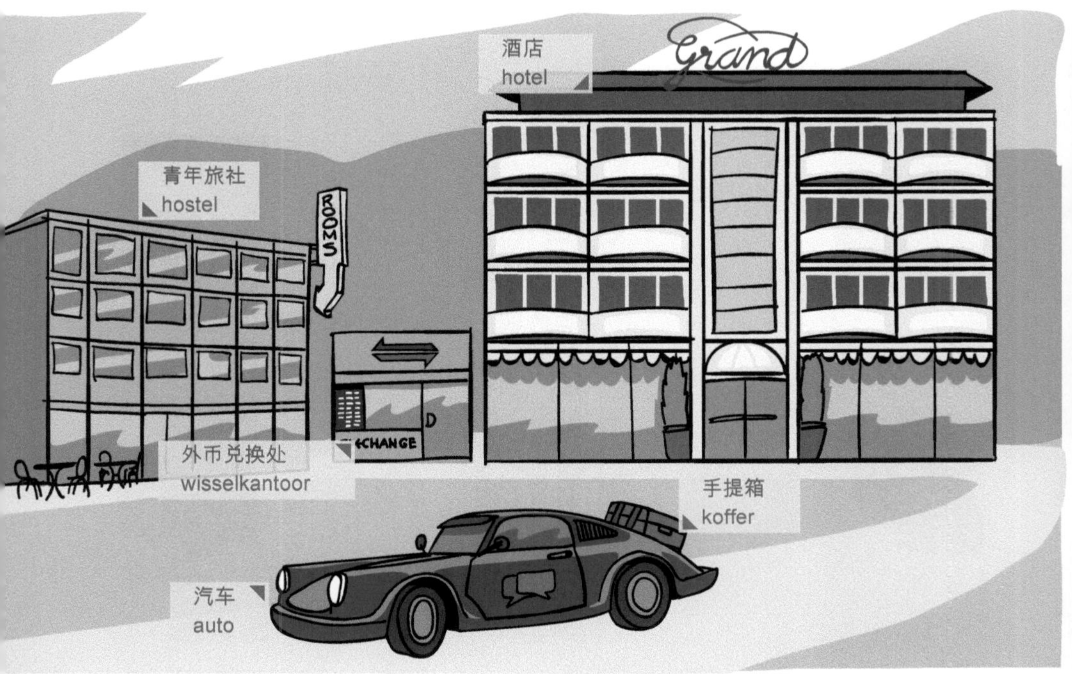

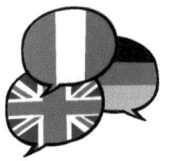

语言

taal

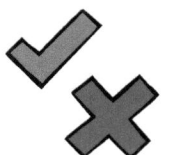

是/否

ja / nee

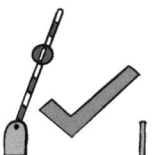

好的

oké

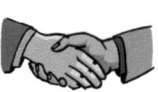

您好

Hallo!

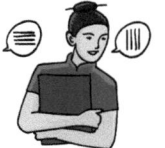

翻译员

tolk

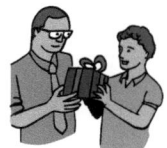

谢谢

Bedankt.

……多少钱？

Wat kost ...?

我不明白

Ik begrijp het niet.

问题

probleem

晚上好！

Goedenavond!

早上好！

Goedemorgen!

晚安！

Goedenacht!

再见

Tot ziens!

方向

richting

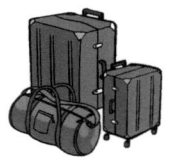

行李

bagage

包

tas

双肩包

rugzak

客人

gast

房间

kamer

睡袋

slaapzak

帐篷

tent

旅游信息
VVV-kantoor

海滩
strand

信用卡
creditkaart

早餐
ontbijt

午餐
lunch

晚餐
diner

票
kaartje

电梯
lift

邮票
postzegel

边界
grens

海关
douane

大使馆
ambassade

签证
visum

护照
paspoort

transport

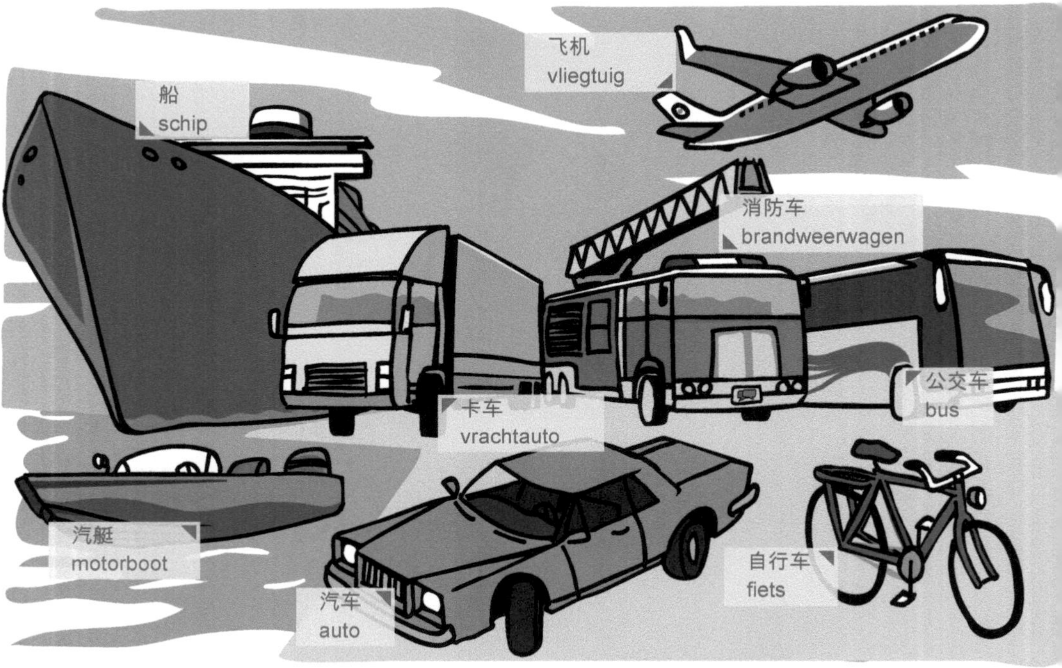

飞机
vliegtuig
船
schip
消防车
brandweerwagen
公交车
bus
卡车
vrachtauto
汽艇
motorboot
自行车
fiets
汽车
auto

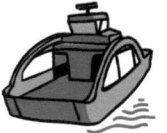

摆渡船

veerboot

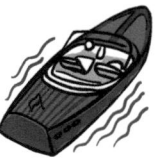

小船

boot

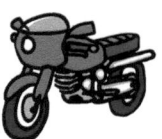

摩托车

motorfiets

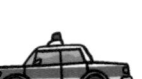

警车

politiewagen

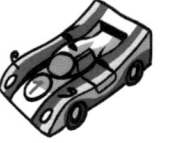

赛车

raceauto

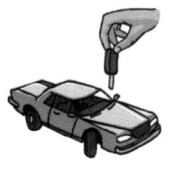

租车

huurauto

拼车
carsharing

拖车
takelwagen

垃圾车
vuilniswagen

发动机
motor

汽油
benzine

加油站
benzinepomp

交通标志
verkeersbord

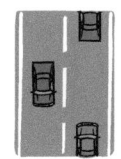

交通
verkeer

交通堵塞
file

停车场
parkeerplaats

火车站
station

轨道
rails

火车
trein

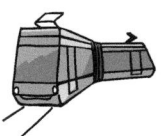

电车
tram

货车
wagon

直升机
helikopter

机场
luchthaven

塔
toren

乘客
passagier

集装箱
container

纸板箱
verhuisdoos

手推车
kar

篮子
mand

起飞/降落
opstijgen / landen

城市

stad

村庄
dorp

市中心
stadscentrum

房子
huis

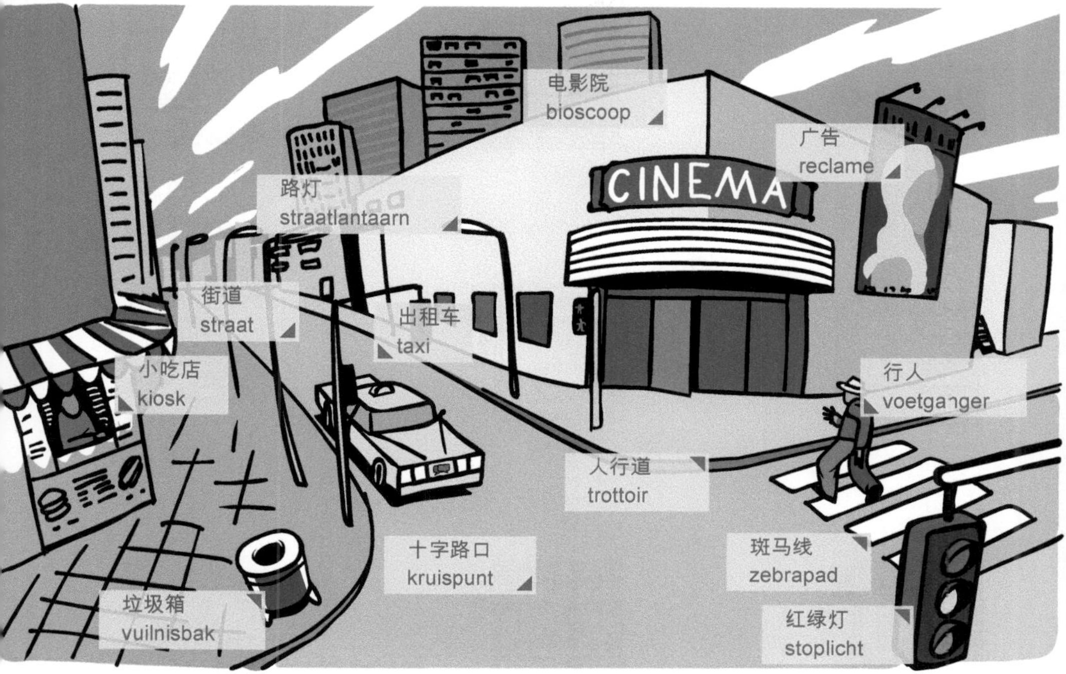
电影院
bioscoop
广告
reclame
CINEMA
路灯
straatlantaarn
街道
straat
出租车
taxi
小吃店
kiosk
行人
voetganger
人行道
trottoir
十字路口
kruispunt
斑马线
zebrapad
垃圾箱
vuilnisbak
红绿灯
stoplicht

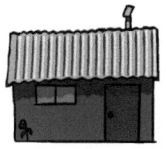

小屋

hut

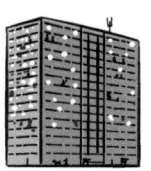

公寓

appartement

火车站

station

市政厅

stadhuis

MUSEUM

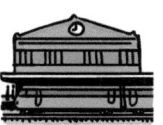

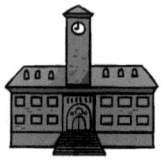

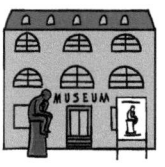

博物馆

museum

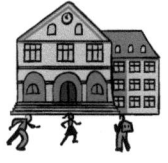

学校

school

大学

universiteit

银行

bank

医院

ziekenhuis

酒店

hotel

药房

apotheek

办公室

kantoor

书店

boekenwinkel

商店

winkel

花店

bloemenwinkel

超市

supermarkt

市场

markt

百货商店

warenhuis

鱼店

visboer

购物中心

winkelcentrum

海港

haven

公园

park

长凳

bank

桥

brug

楼梯

trap

地铁

metro

隧道

tunnel

公交车站

bushalte

酒吧

bar

餐馆

restaurant

邮筒

brievenbus

路标

straatnaambord

停车计时器

parkeermeter

动物园

dierentuin

游泳馆

zwembad

清真寺

moskee

农场
boerderij

污染
vervuiling

墓地
begraafplaats

教堂
kerk

操场
speelplaats

寺庙
tempel

地形
landschap

树叶
blad

指示牌
wegwijzer

路
weg

草地
weide

石头
steen

树
boom

徒步旅行者
wandelaar

河
rivier

草
gras

花
bloem

峡谷

vallei

山

berg

湖

meer

森林

bos

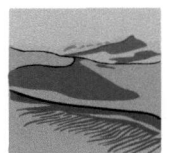

沙漠

woestijn

火山

vulkaan

城堡

kasteel

彩虹

regenboog

蘑菇

paddenstoel

棕榈树

palmboom

蚊子

mug

苍蝇

vlieg

蚂蚁

mier

蜜蜂

bij

蜘蛛

spin

甲虫
kever

青蛙
kikker

松鼠
eekhoorn

刺猬
egel

野兔
haas

猫头鹰
uil

鸟
vogel

天鹅
zwaan

野猪
wild zwijn

鹿
hert

麋鹿
eland

水坝
stuwdam

风力发电机
windmolen

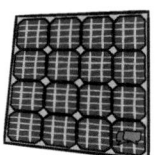

太阳能电池板
zonnepaneel

气候
klimaat

餐馆
restaurant

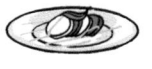

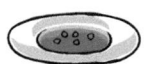

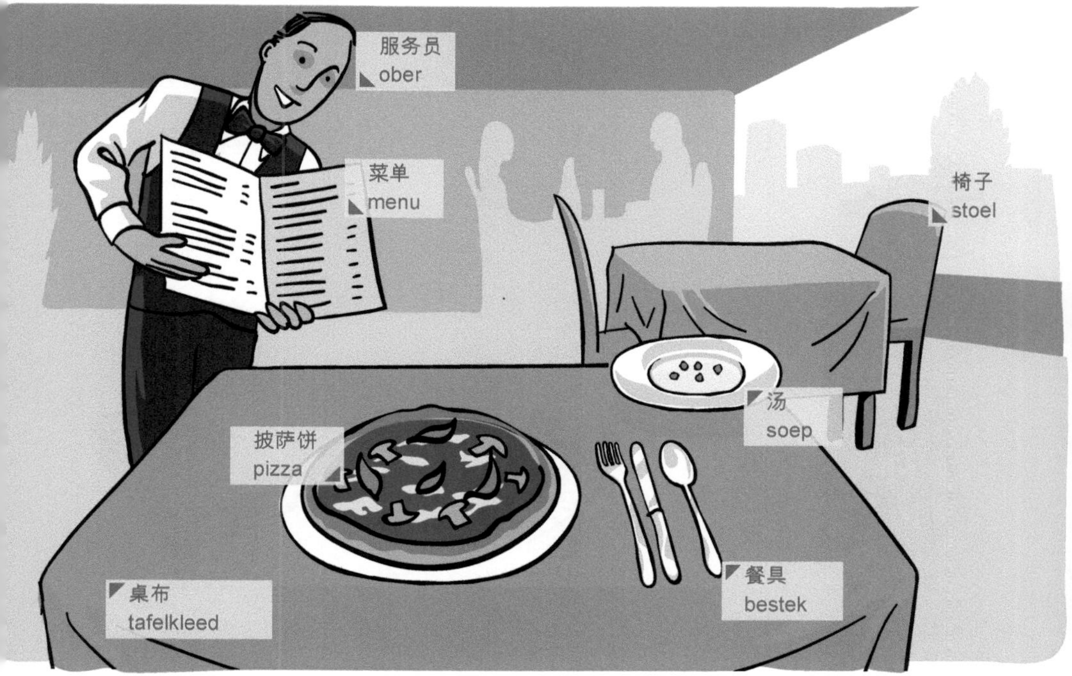

服务员
ober
菜单
menu
椅子
stoel
汤
soep
披萨饼
pizza
餐具
bestek
桌布
tafelkleed

前菜

voorgerecht

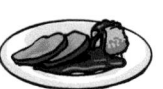

主菜

hoofdgerecht

甜点

toetje

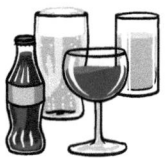

饮料

dranken

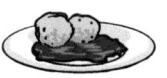

食物

eten

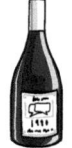

瓶子

fles

快餐
fastfood

街边小吃
eetkraampje

茶壶
theepot

糖盒
suikerpot

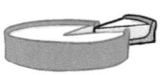

一份饭菜
portie

意式咖啡机
espressomachine

高脚椅
kinderstoel

账单
rekening

托盘
dienblad

刀
mes

餐叉
vork

勺子
lepel

茶匙
theelepel

餐巾
servet

玻璃杯
glas

碟子
bord

汤盘
soepbord

碟子
schotel

酱
saus

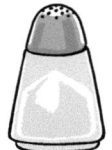

盐瓶
zoutvaatje

胡椒磨
pepermolen

醋
azijn

食用油
olie

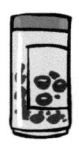

调味料
kruiden

番茄酱
ketchup

芥末
mosterd

蛋黄酱
mayonaise

超市
supermarkt

特价
aanbieding
FOR
顾客
klant
乳制品
zuivelproducten
水果
fruit
购物车
winkelwagen

BUTCHERS

肉铺

slager

BAKERY

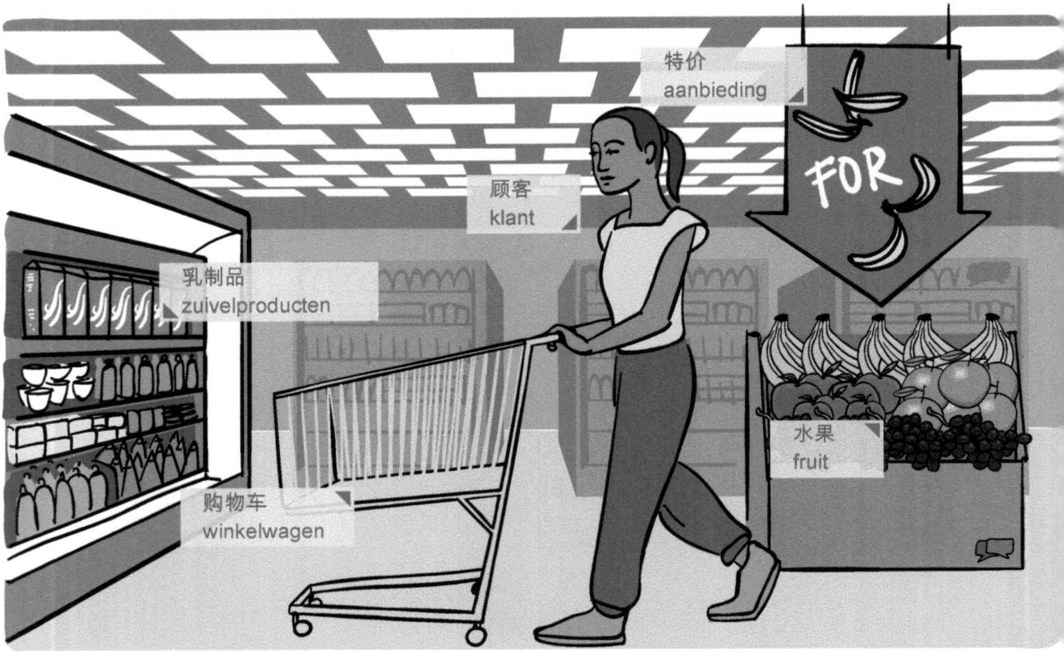

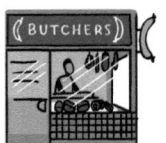

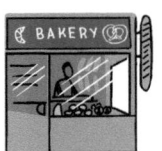

面包房

bakkerij

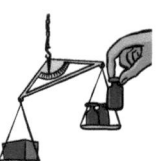

称重

wegen

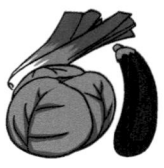

蔬菜

groente

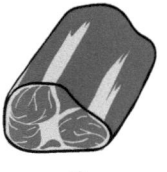

肉

vlees

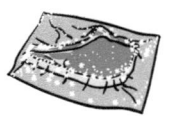

冷冻食品

diepvriesproducten

冷盘
vleeswaren

罐头食品
conserven

洗衣粉
wasmiddel

甜食
snoepgoed

日用品
huishoudelijke artikelen

清洁用品
schoonmaakmiddel

销售员
verkoopster

收银机
kassa

收银员
kassier

购物清单
boodschappenlijstje

开放时间
openingstijden

钱包
portefeuille

信用卡
creditkaart

袋子
tas

塑料袋
plastic zak

超市 - supermarkt

水

water

果汁

sap

牛奶

melk

可乐

cola

红酒

wijn

啤酒

bier

酒

alcohol

可可

chocolademelk

茶

thee

咖啡

koffie

意式浓缩咖啡

espresso

卡布奇诺

cappuccino

香蕉

banaan

苹果

appel

橙子

sinaasappel

西瓜

watermeloen

柠檬

citroen

胡萝卜

wortel

大蒜

knoflook

竹子

bamboe

洋葱

ui

蘑菇

paddenstoel

坚果

noten

面条

pasta

意大利面条

spaghetti

米饭

rijst

沙拉

salade

薯条

friet

炸土豆

gebakken aardappelen

披萨饼

pizza

汉堡包

hamburger

三明治

sandwich

炸猪排

schnitzel

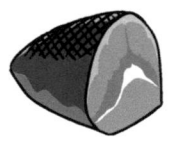

火腿

ham

萨拉米

salami

香肠

worst

鸡肉

kip

烤肉

gebraad

鱼

vis

燕麦片
havermout

穆兹利
muesli

玉米片
cornflakes

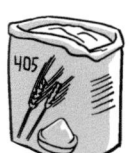

面粉
meel

羊角面包
croissant

面包卷
broodjes

面包
brood

烤面包
toast

饼干
koekjes

黄油
boter

凝乳
kwark

蛋糕
taart

蛋
ei

煎蛋
gebakken ei

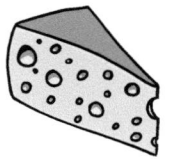

奶酪
kaas

食物 - eten

冰激凌

ijs

糖

suiker

蜂蜜

honing

果酱

jam

巧克力酱

chocoladepasta

咖喱饭

kerrie

农场
boerderij

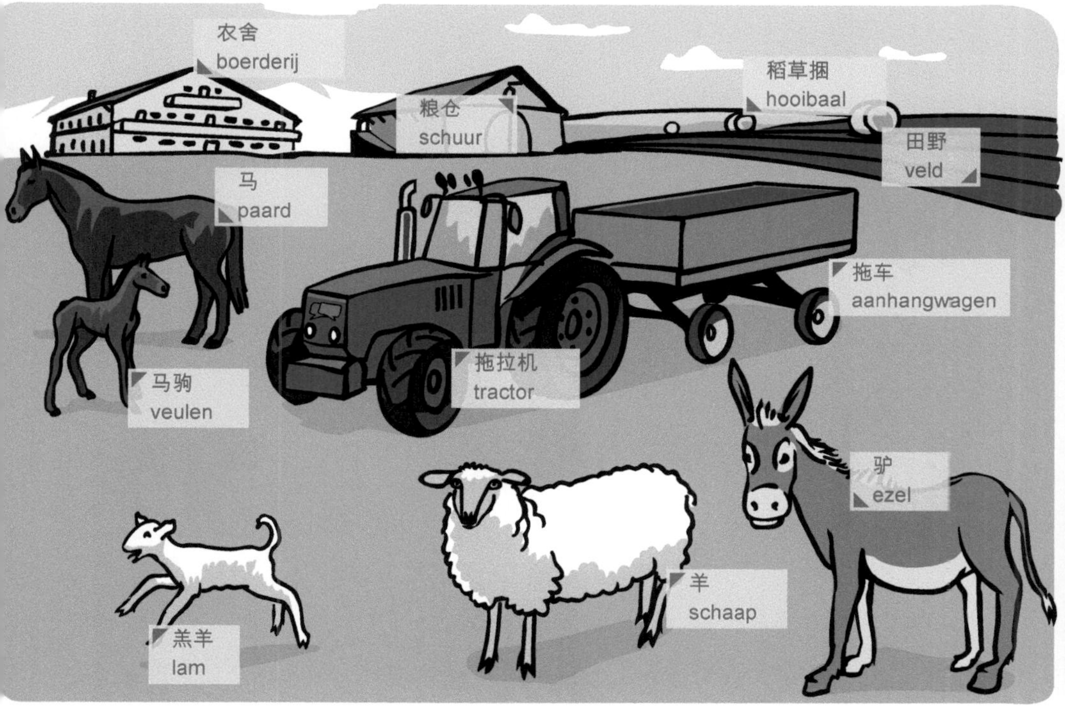
农舍
boerderij
粮仓
schuur
稻草捆
hooibaal
田野
veld
马
paard
拖车
aanhangwagen
马驹
veulen
拖拉机
tractor
驴
ezel
羊
schaap
羔羊
lam

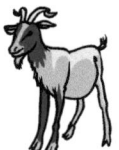

山羊

geit

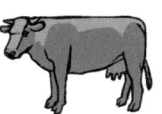

奶牛

koe

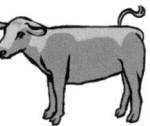

牛犊

kalf

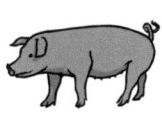

猪

varken

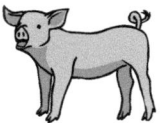

小猪

big

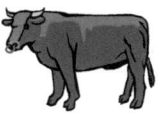

公牛

stier

鹅

gans

鸭

eend

小鸡

kuiken

母鸡

kip

公鸡

haan

鼠

rat

猫

kat

老鼠

muis

牛

os

狗

hond

狗屋

hondenhok

花园浇水软管

tuinslang

洒水壶

gieter

长柄大镰刀

zeis

犁

ploeg

镰刀

sikkel

锄头

schoffel

长柄草耙

hooivork

斧头

bijl

独轮手推车

kruiwagen

饲料槽

trog

牛奶罐

melkbus

麻布袋

zak

栅栏

hek

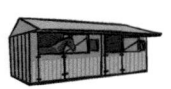

马厩

stal

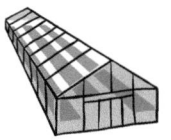

温室

broeikas

土壤

grond

种子

zaad

肥料

mest

联合收割机

maaidorser

农场 - boerderij

收割

oogsten

收割

oogst

山药

yam

小麦

tarwe

大豆

soja

土豆

aardappel

玉米

maïs

油菜籽

koolzaad

果树

fruitboom

树薯

maniok

谷物

granen

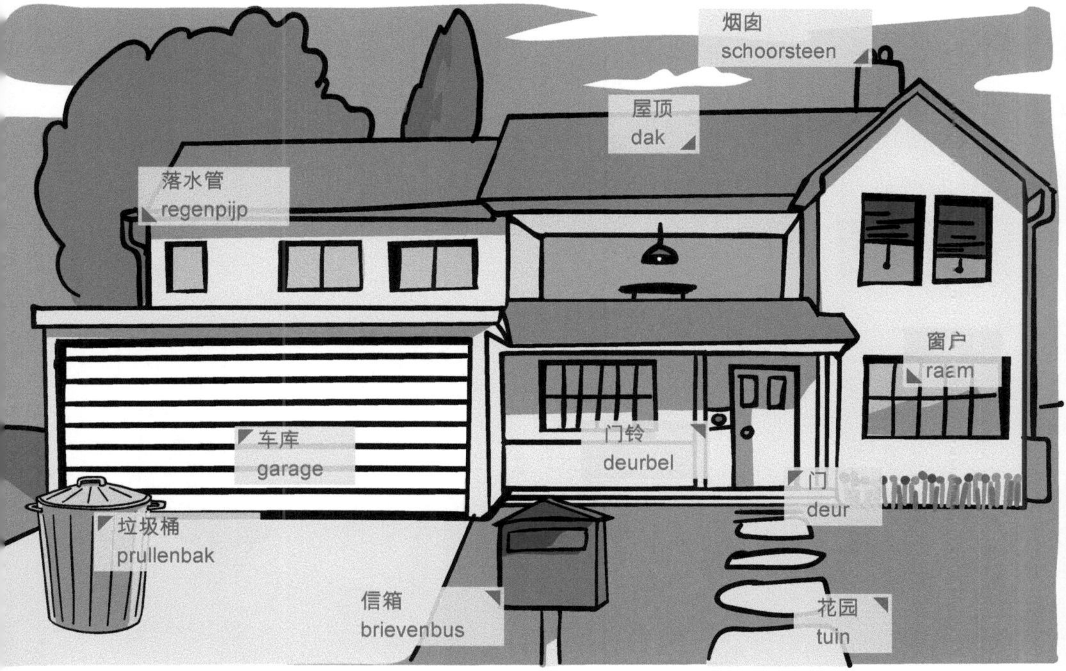

烟囱
schoorsteen

屋顶
dak

落水管
regenpijp

窗户
raam

车库
garage

门铃
deurbel

门
deur

垃圾桶
prullenbak

信箱
brievenbus

花园
tuin

客厅
woonkamer

浴室
badkamer

厨房
keuken

卧室
slaapkamer

儿童房
kinderkamer

餐厅
eetkamer

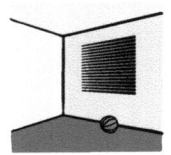

地板
vloer

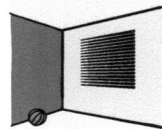

墙壁
muur

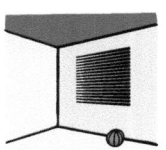

吊顶
plafond

地窖
kelder

桑拿
sauna

阳台
balkon

露台
terras

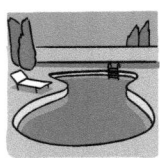

游泳池
zwembad

割草机
grasmaaier

被单
laken

床罩
bedsprei

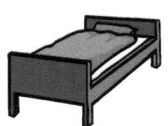

床
bed

扫帚
bezem

水桶
emmer

开关
schakelaar

woonkamer

壁纸
behang
照片
foto
台灯
lamp
搁架
plank
橱柜
kast
电视机
televisie
壁炉
open haard
花
bloem
垫子
kussen
沙发
bankstel
花瓶
vaas
遥控器
afstandsbediening

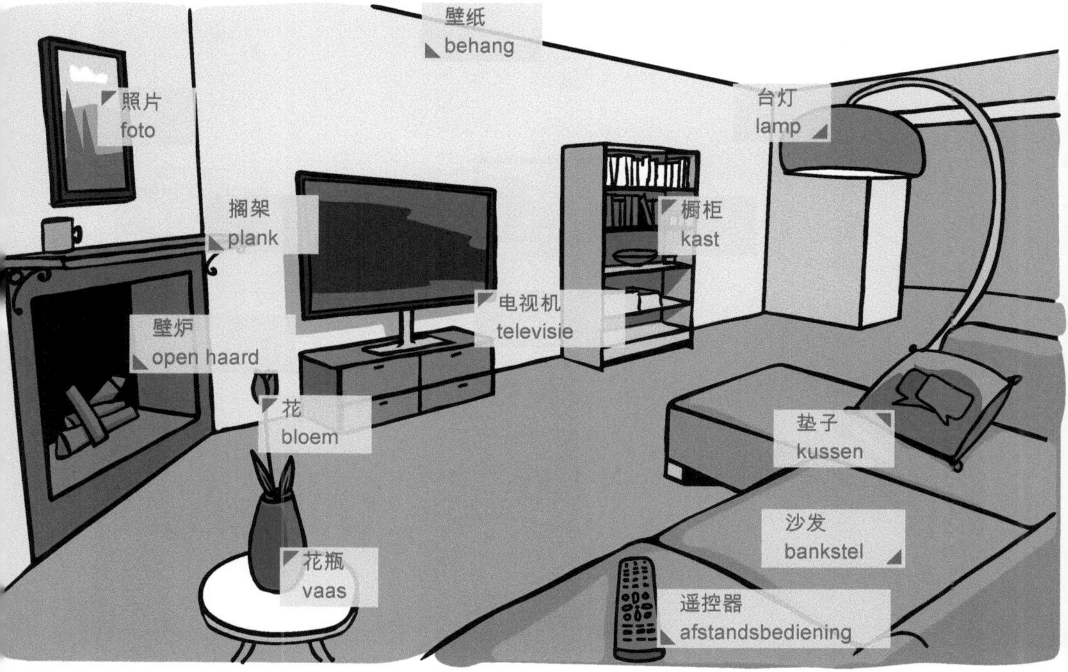

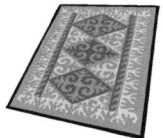

地毯

tapijt

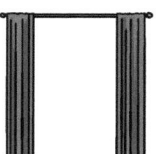

窗帘

gordijn

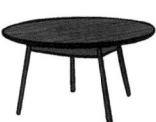

餐桌

tafel

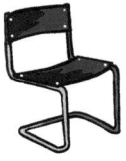

椅子

stoel

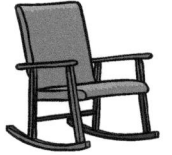

摇椅

schommelstoel

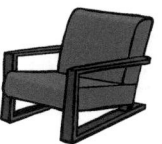

扶手椅

stoel

书
boek

毯子
deken

装饰品
decoratie

木柴
brandhout

电影
film

高保真音响
stereo-installatie

钥匙
sleutel

报纸
krant

油画
schilderij

海报
poster

收音机
radio

笔记本
kladblok

吸尘器
stofzuiger

仙人掌
cactus

蜡烛
kaars

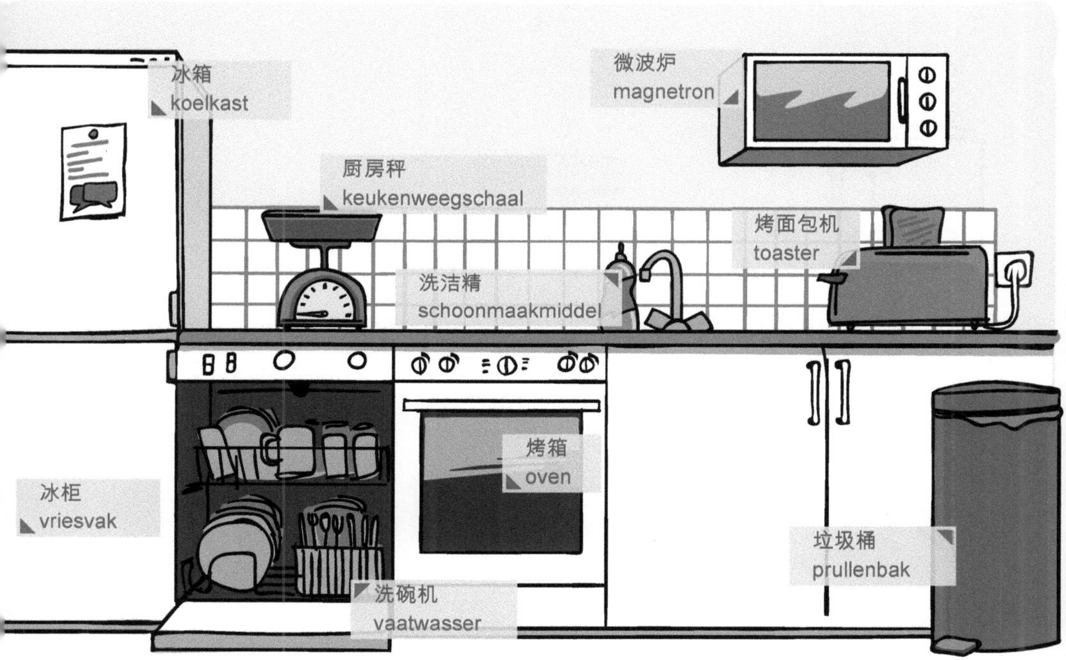

冰箱
koelkast

微波炉
magnetron

厨房秤
keukenweegschaal

烤面包机
toaster

洗洁精
schoonmaakmiddel

烤箱
oven

冰柜
vriesvak

垃圾桶
prullenbak

洗碗机
vaatwasser

炊具
fornuis

锅
pan

铸铁锅
gietijzeren pan

炒锅
wok / kadai

平底锅
koekenpan

水壶
ketel

蒸锅
stoomkoker

烤盘
bakplaat

陶瓷锅
servies

马克杯
beker

碗
kom

筷子
eetstokjes

长柄勺
soeplepel

铲子
spatel

搅拌器
garde

滤网
vergiet

筛子
zeef

磨碎机
rasp

研钵
vijzel

烧烤
barbecue

明火
vuurhaard

菜板

snijplank

擀面杖

deegroller

开瓶器

kurkentrekker

罐子

blik

开罐器

blikopener

隔热手套

pannenlap

水槽

wasbak

刷子

borstel

海绵

spons

搅拌机

blender

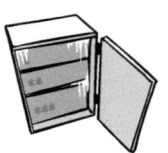

冷藏箱

vriezer

奶瓶

babyflesje

水龙头

kraan

浴室
badkamer

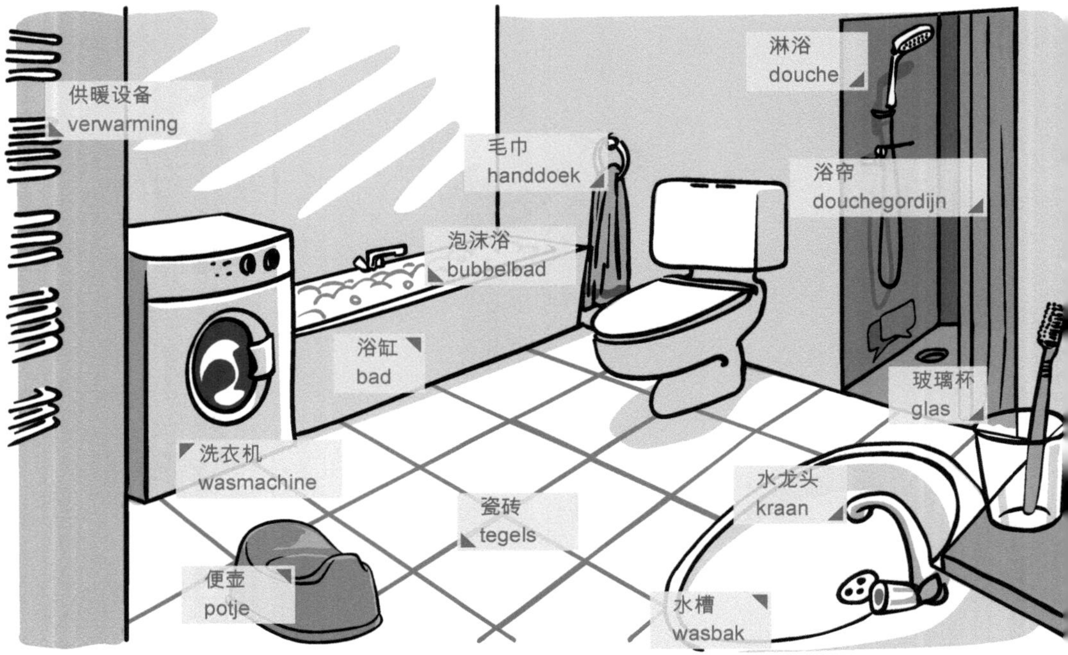

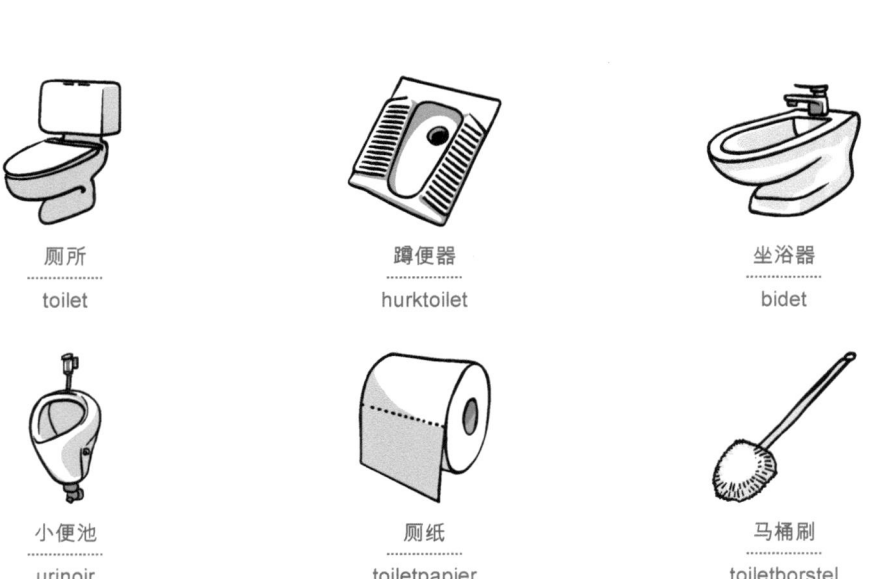

供暖设备
verwarming
毛巾
handdoek
淋浴
douche
浴帘
douchegordijn
泡沫浴
bubbelbad
浴缸
bad
玻璃杯
glas
洗衣机
wasmachine
水龙头
kraan
瓷砖
tegels
便壶
potje
水槽
wasbak

厕所
toilet

蹲便器
hurktoilet

坐浴器
bidet

小便池
urinoir

厕纸
toiletpapier

马桶刷
toiletborstel

牙刷
tandenborstel

牙膏
tandpasta

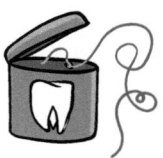

牙线
flosdraad

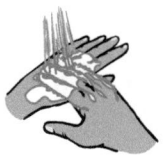

洗
wassen

手持式喷淋头
handdouche

冲洗器
toiletdouche

洗脸盆
waskom

擦背刷
rugborstel

肥皂
zeep

沐浴露
douchegel

洗发水
shampoo

法兰绒
washanje

排水
afvoer

乳霜
creme

除臭剂
deodorant

浴室 - badkamer

镜子

spiegel

手镜

make-upspiegel

剃须刀

scheermes

剃须泡沫

scheerschuim

须后水

aftershave

梳子

kam

刷子

borstel

吹风机

haardroger

喷发定型剂

haarspray

化妆品

make-up

唇膏

lippenstift

指甲油

nagellak

化妆棉

watten

指甲剪

nagelschaartje

香水

parfum

洗漱包
toilettas

凳子
kruk

计重秤
weegschaal

浴袍
badjas

橡胶手套
rubber handschoenen

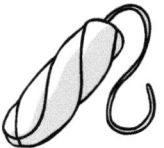

卫生棉条
tampon

卫生巾
maandverband

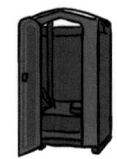

化学厕所
chemisch toilet

儿童房

kinderkamer

闹钟
wekker
毛绒玩具
knuffeldier
玩具车
speelgoedauto
拨浪鼓
rammelaar
玩具屋
poppenhuis
礼物
cadeau

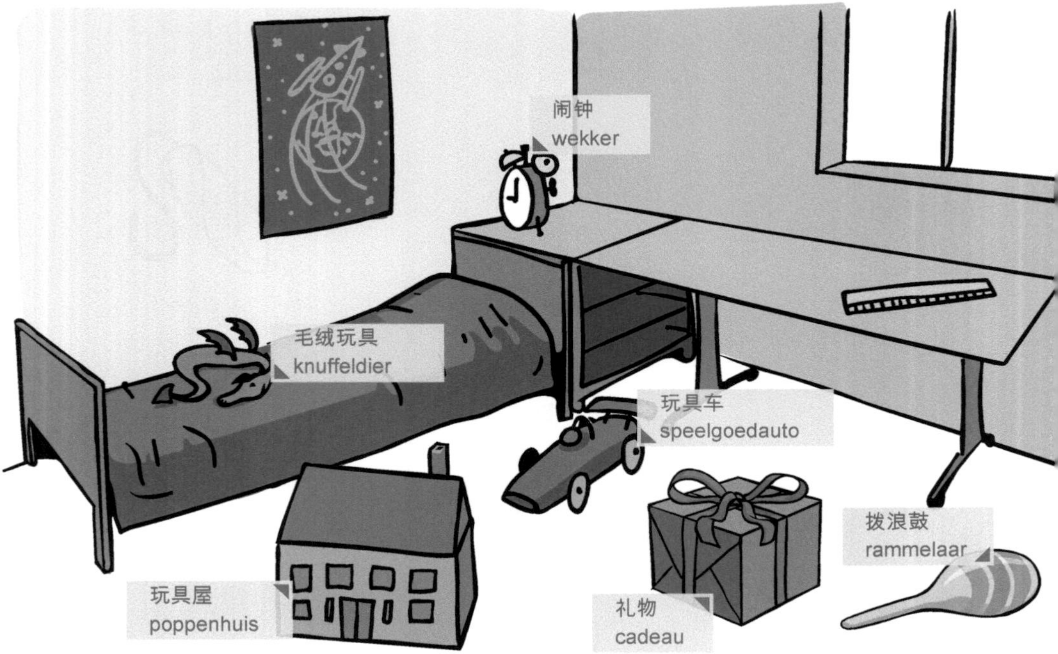

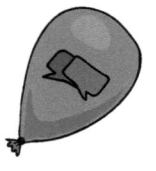

气球

ballon

床

bed

（洋娃娃用）婴儿车

kinderwagen

扑克牌

kaartspel

拼图

puzzel

SUPER
MEGA

漫画

stripverhaal

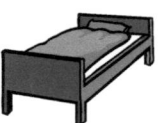

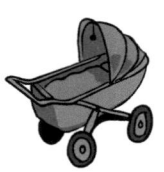

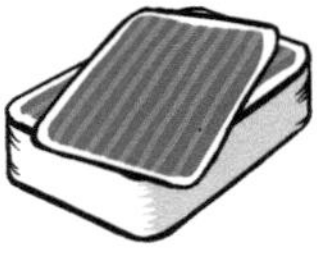

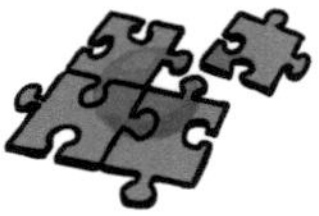

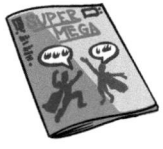

乐高积木

legostenen

积木玩具

speelgoedblokken

玩具人

actiefiguurtje

婴儿服

romper

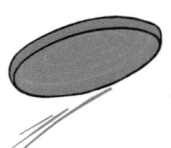

飞盘

frisbee

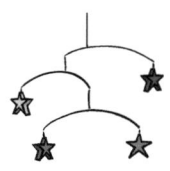

床铃玩具

mobile

棋盘游戏

bordspel

骰子

dobbelsteen

火车模型

modeltrein

安抚奶嘴

speen

聚会

feestje

绘本

prentenboek

球

bal

洋娃娃

pop

玩

spelen

沙坑

zandbak

秋千

schommel

玩具

speelgoed

游戏机

spelcomputer

三轮车

driewieler

泰迪熊

teddybeer

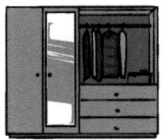

衣柜

kleerkast

衣服

kleding

袜子

sokken

长袜

kousen

紧身裤

panty

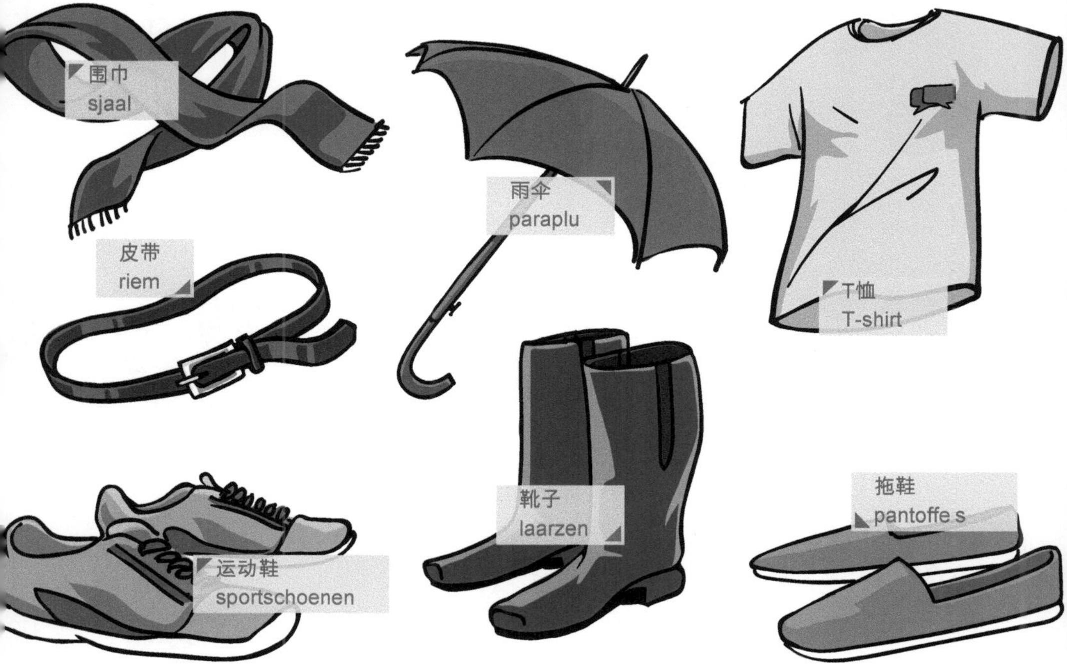

围巾
sjaal

雨伞
paraplu

T恤
T-shirt

皮带
riem

靴子
laarzen

拖鞋
pantoffe s

运动鞋
sportschoenen

凉鞋

sandalen

鞋

schoenen

雨靴

rubberlaarzen

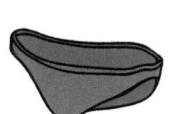

内裤

onderbroek

胸罩

beha

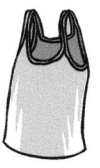

背心

onderhemd

身体
body

裤子
broek

牛仔裤
spijkerbroek

短裙
rok

女式衬衫
blouse

衬衫
overhemd

套头衫
trui

卫衣
hoody

西装夹克
blazer

夹克
jas

外套
mantel

雨衣
regenjas

套装
kostuum

连衣裙
jurk

婚纱
trouwjurk

西装
pak

睡袍
nachthemd

睡衣
pyjama

莎丽
sari

头巾
hoofddoek

包头巾
tulband

波卡
boerka

卡夫坦
kaftan

(阿拉伯式)长袍
abaja

泳衣
zwempak

男式泳裤
zwembroek

短裤
korte broek

运动服
trainingspak

围裙
schort

手套
handschoenen

纽扣
knoop

眼镜
bril

手链
armband

项链
ketting

戒指
ring

耳环
oorbel

便帽
pet

衣架
kledinghanger

帽子
hoed

领带
stropdas

拉链
rits

头盔
helm

背带
bretels

校服
schooluniform

制服
uniform

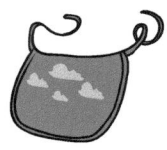

围兜

slabbetje

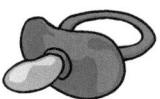

安抚奶嘴

speen

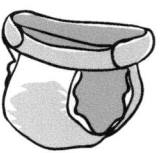

尿不湿

luier

办公室
kantoor

服务器
server
文件柜
archiefkast
打印机
printer
纸
papier
显示屏
beeldscherm
办公桌
bureau
鼠标
muis
文件夹
map
键盘
toetsenbord
废纸篓
prullenmand
电脑
computer
椅子
stoel

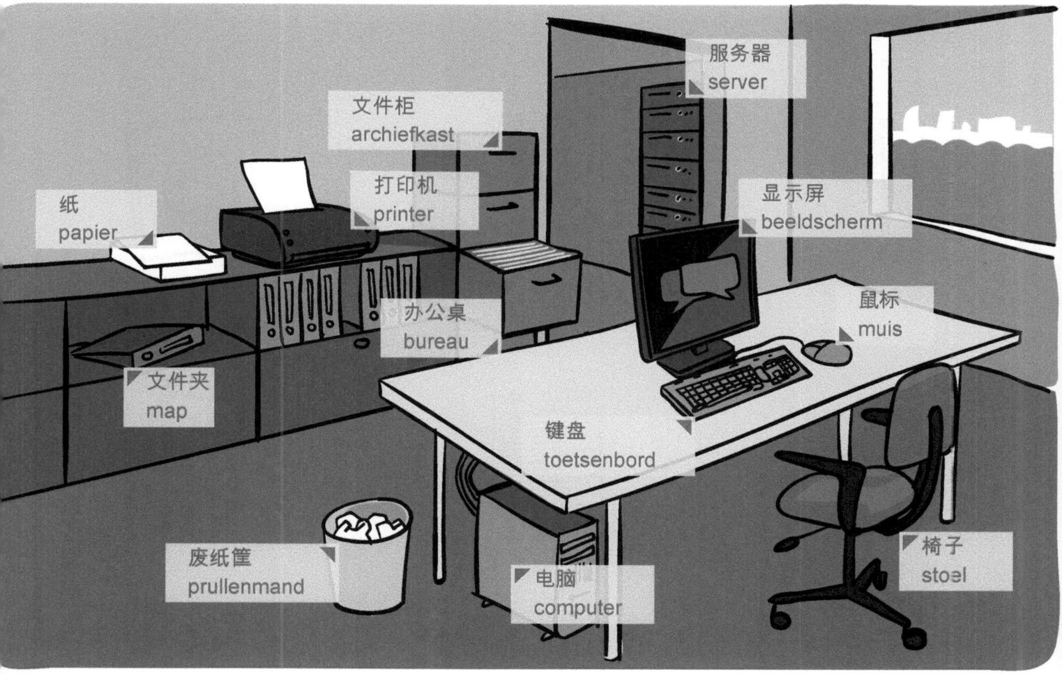

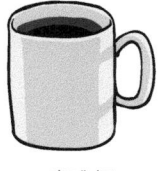

咖啡杯

koffiemok

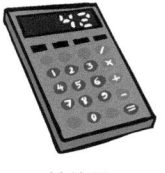

计算器

rekenmachine

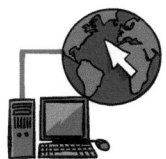

因特网

internet

笔记本电脑

laptop

信件

brief

消息

bericht

手机

mobiele telefoon

网络

netwerk

复印机

kopieermachine

软件

software

电话

telefoon

插座

stopcontact

传真机

fax

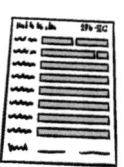

表格

formulier

文件

document

买
kopen

付钱
betalen

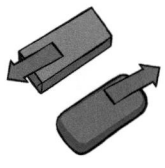

交易
handel drijven

现金
geld

美元
dollar

欧元
euro

日元
yen

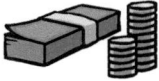

卢布
roebel

瑞士法郎
Zwitserse frank

人民币
renminbi yuan

卢比
roepie

提款处
geldautomaat

外币兑换处

wisselkantoor

金

goud

银

zilver

石油

olie

能源

energie

价格

prijs

合同

contract

税金

belasting

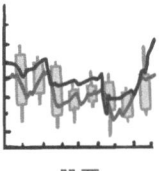

股票

aandeel

工作

werken

职员

werknemer

老板

werkgever

工厂

fabriek

商店

winkel

警官
politieagent

消防员
brandweerman

厨师
kok

医生
dokter

飞行员
piloot

园丁
tuinman

木匠
timmerman

裁缝
naaister

法官
rechter

化学家
scheikundige

演员
toneelspeler

公交车司机

buschauffeur

出租车司机

taxichauffeur

渔夫

visser

清洁女工

schoonmaakster

屋顶工

dakdekker

服务员

ober

猎人

jager

画家

schilder

面包师

bakker

电工

elektricien

建筑工人

bouwvakker

工程师

ingenieur

屠夫

slager

水管工

loodgieter

邮递员

postbode

士兵

soldaat

建筑师

architect

收银员

kassier

花农

bloemist

理发师

kapper

售票员

conducteur

机械师

monteur

船长

kapitein

牙医

tandarts

科学家

wetenschapper

拉比

rabbi

伊玛目

imam

和尚

monnik

牧师

pastoor

工具
gereedschap

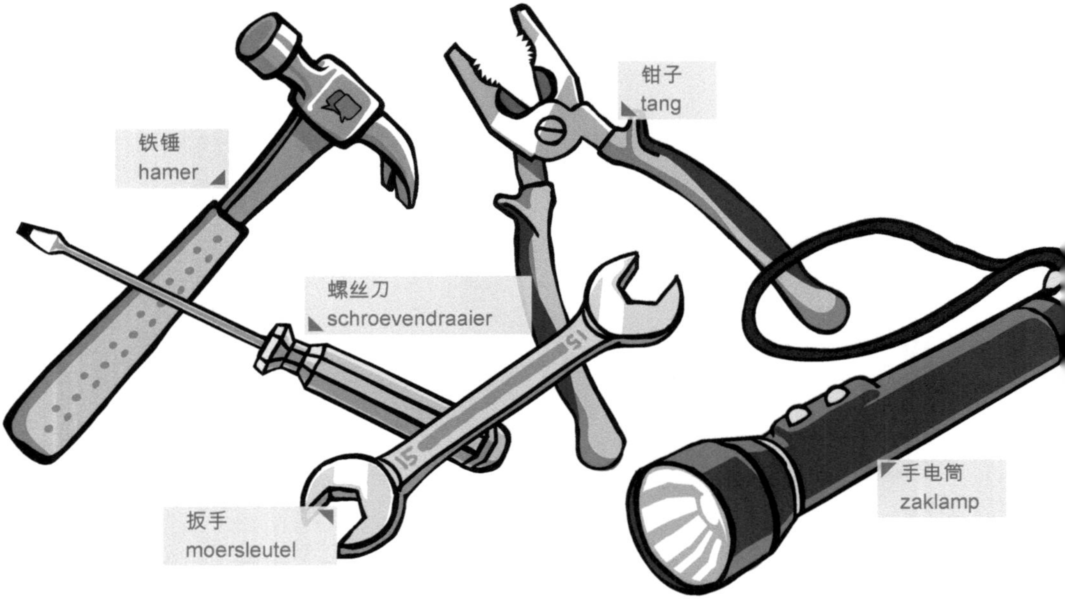

铁锤
hamer
钳子
tang
螺丝刀
schroevendraaier
扳手
moersleutel
手电筒
zaklamp

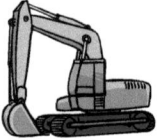

挖掘机

graafmachine

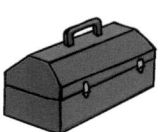

工具箱

gereedschapskist

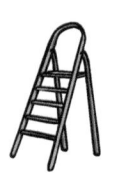

梯子

ladder

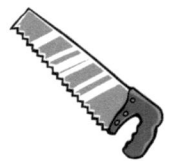

锯子

zaag

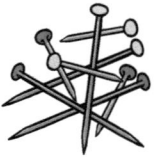

钉子

spijkers

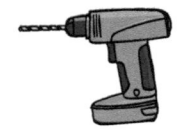

钻机

boor

修
....
repareren

铲子
....
schep

靠！
....
Verdorie!

簸箕
....
stofblik

油漆桶
....
verfpot

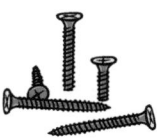

螺丝
....
schroeven

乐器
muziekinstrumenten

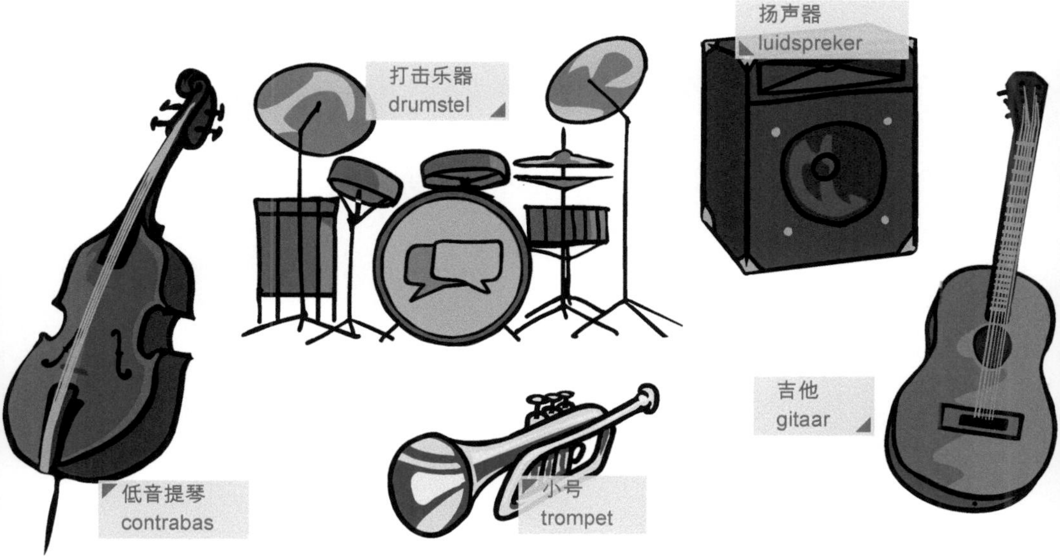

打击乐器
drumstel

扬声器
luidspreker

吉他
gitaar

低音提琴
contrabas

小号
trompet

钢琴

piano

小提琴

viool

贝斯

bas

定音鼓

pauk

鼓

trommel

电子琴

keyboard

萨克斯管

saxofoon

长笛

fluit

麦克风

microfoon

老虎
tijger

入口
ingang

笼子
kooi

斑马
zebra

动物饲料
dierenvoer

熊猫
panda

动物
dieren

大象
olifant

袋鼠
kangoeroe

犀牛
neushoorn

大猩猩
gorilla

熊
beer

骆驼

kameel

鸵鸟

struisvogel

狮子

leeuw

猴子

aap

火烈鸟

flamingo

鹦鹉

papegaai

北极熊

ijsbeer

企鹅

pinguïn

鲨鱼

haai

孔雀

pauw

蛇

slang

鳄鱼

krokodil

动物园管理员

dierenverzorger

海豹

zeehond

美洲豹

jaguar

矮种马

pony

豹

luipaard

河马

nijlpaard

长颈鹿

giraffe

老鹰

adelaar

野猪

wild zwijn

鱼

vis

龟

schildpad

海象

walrus

狐狸

vos

羚羊

gazelle

橄榄球
American football

骑自行车
wielrennen

网球
tennis

篮球
basketbal

游泳
zwemmen

拳击
boksen

冰球
ijshockey

英式足球

voetbal

羽毛球

badminton

田径

atletiek

手球

handbal

滑雪

skiën

马球

polo

活动
activiteiten

笑
lachen
跳
springen
拥抱
knuffelen
走路
lopen
唱
zingen
做梦
dromen
祈祷
bidden
亲吻
kussen

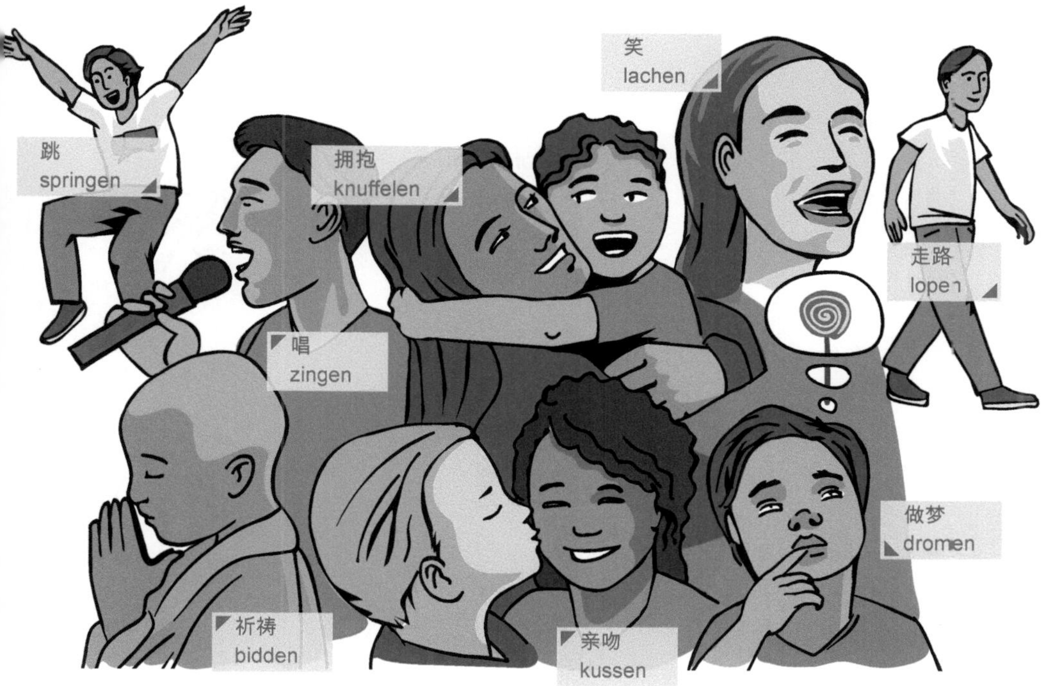

书写
schrijven

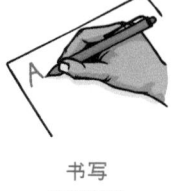

画
tekenen

展示
tonen

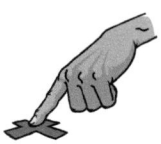

推
duwen

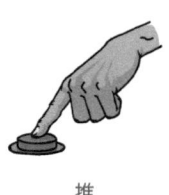

给
geven

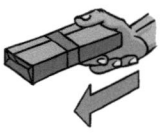

拿
oppakken

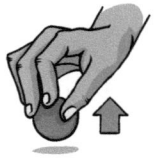

有
hebben

做
doen

当
zijn

站
staan

跑
rennen

拉
trekken

扔
gooien

摔倒
vallen

躺
liggen

等待
wachten

携带
dragen

坐
zitten

穿衣
aankleden

睡觉
slapen

醒来
wakker worden

看
bekijken

哭
huilen

抚摸
strelen

梳头
kammen

交谈
praten

明白
begrijpen

问
vragen

听
horen

喝
drinken

吃
eten

清理
opruimen

爱
houden van

做饭
koken

开车
rijden

飞
vliegen

航行

zeilen

计算

rekenen

读

lezen

学习

leren

工作

werken

结婚

trouwen

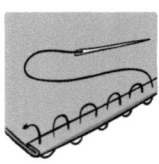

缝

naaien

刷牙

tandenpoetsen

杀

doden

抽烟

roken

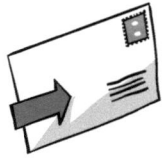

寄

verzenden

祖母
grootmoeder

祖父
grootvader

父亲
vader

母亲
moeder

婴童
baby

女儿
dochter

儿子
zoon

客人

gast

阿姨

tante

叔叔

oom

兄弟

broer

姐妹

zus

身体

lichaam

前额
voorhoofd
眼睛
oog
肩膀
schouder
手指
vinger
脸
gezicht
下巴
kin
手
hand
腿
been
乳房
borst
手臂
arm

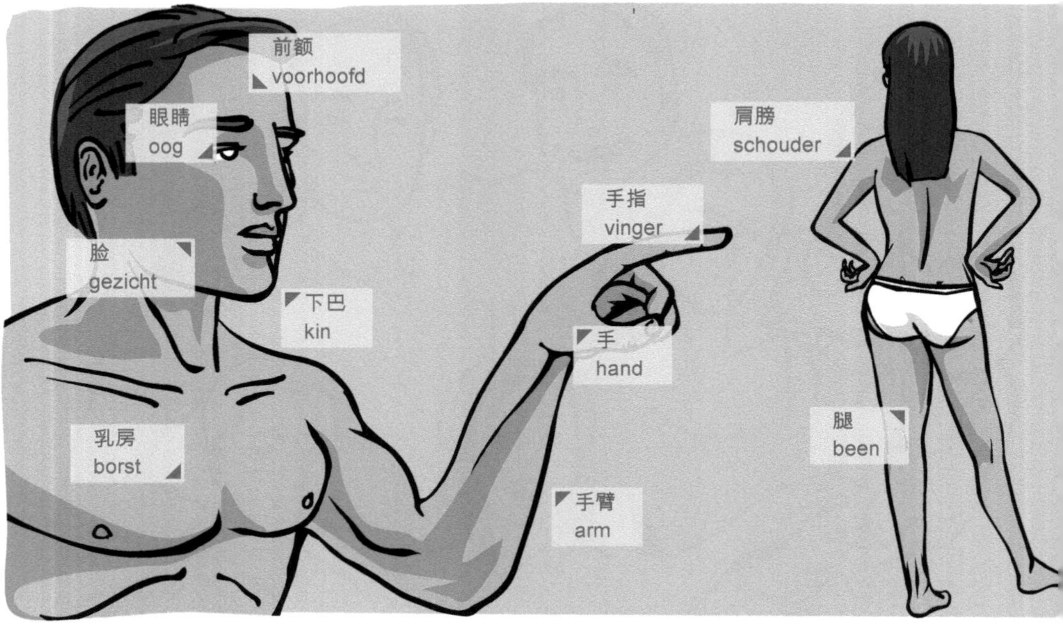

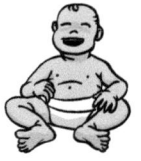

婴童
baby

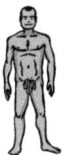

男人
man

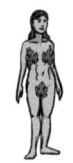

女人
vrouw

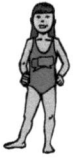

女孩
meisje

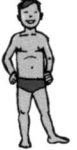

男孩
jongen

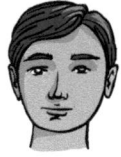

头
hoofd

背部
rug

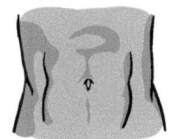

肚子
buik

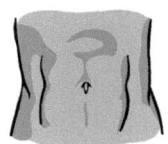

肚脐
navel

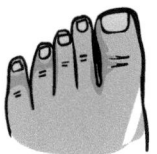

脚趾
teen

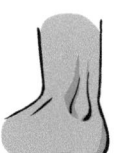

脚后跟
hiel

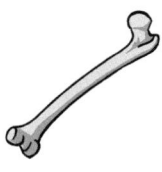

骨头
bot

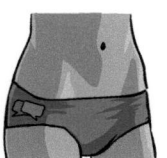

臀部
heup

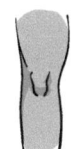

膝盖
knie

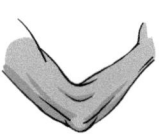

手肘
elleboog

鼻子
neus

屁股
achterwerk

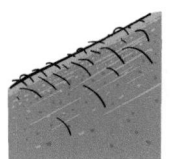

皮肤
huid

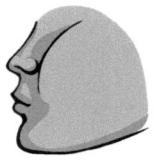

脸颊
wang

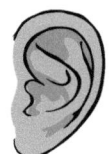

耳朵
oor

嘴唇
lippen

身体 - lichaam

嘴
mond

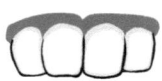

牙齿
tand

舌头
tong

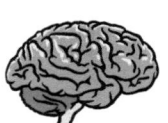

脑
hersenen

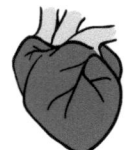

心脏
hart

肌肉
spier

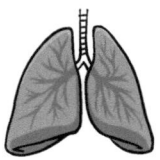

肺
long

肝脏
lever

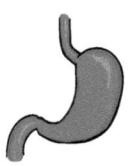

胃
maag

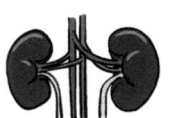

肾脏
nieren

性交
geslachtsgemeenschap

避孕套
condoom

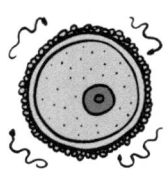

卵子
eicel

精子
sperma

怀孕
zwangerschap

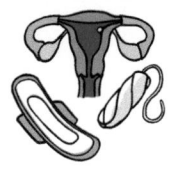

月经
menstruatie

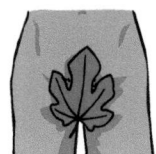

阴道
vagina

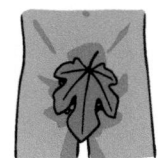

阴茎
penis

眉毛
wenkbrauw

头发
haar

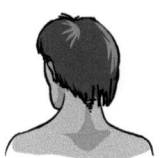

脖子
hals

医院
ziekenhuis

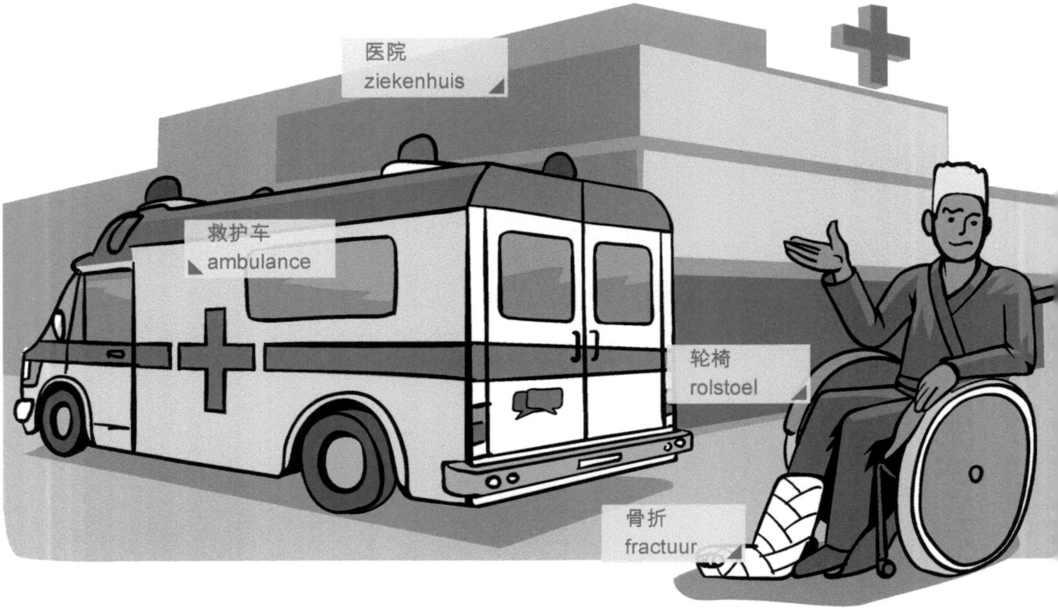

医院
ziekenhuis
救护车
ambulance
轮椅
rolstoel
骨折
fractuur

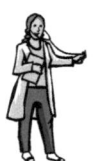

医生

dokter

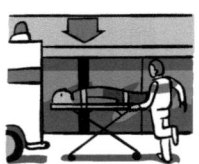

急诊室

EHBO

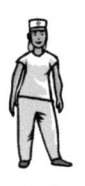

护士

verpleegster

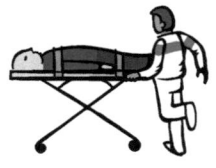

紧急情况

noodgeval

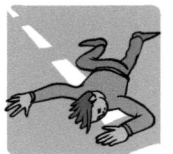

昏迷

bewusteloos

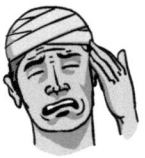

痛

pijn

受伤
verwonding

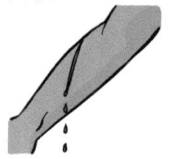

出血
bloeding

心脏病发作
hartaanval

中风
beroerte

过敏
allergie

咳嗽
hoest

发烧
koorts

流感
griep

腹泻
diarree

头痛
hoofdpijn

癌症
kanker

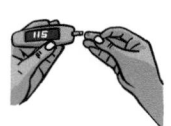

糖尿病
diabetes

外科医生
chirurg

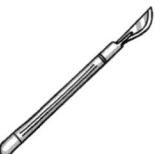

手术刀
scalpel

手术
operatie

CT

CT

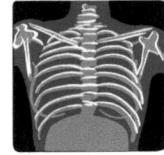

X光

röntgen

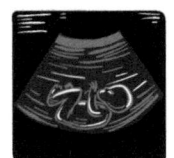

超声波

echografie

口罩

gezichtsmasker

疾病

ziekte

候诊室

wachtkamer

拐杖

kruk

石膏

pleister

绷带

verband

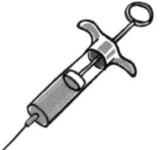

注射

injectie

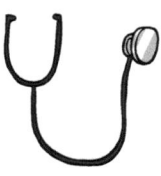

听诊器

stethoscoop

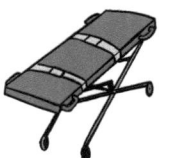

担架

brancard

体温计

thermometer

出生

geboorte

超重

overgewicht

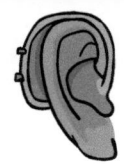

助听器

gehoorapparaat

消毒液

ontsmettingsmiddel

感染

infectie

病毒

virus

艾滋病

HIV / AIDS

药物

medicijn

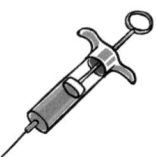

接种疫苗

inenting

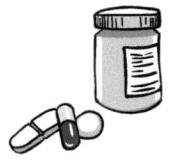

药片

tabletten

药丸

pil

急救电话

alarmnummer

血压计

bloeddrukmeter

生病/健康

ziek / gezond

救命！
Help!

警报
alarm

突击
overval

攻击
aanval

危险
gevaar

紧急出口
nooduitgang

着火啦！
Brand!

灭火器
brandblusser

意外
ongeluk

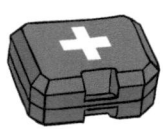

急救箱
EHBO-koffer

呼救信号
SOS

警察
politie

欧洲

Europa

北美洲

Noord-Amerika

南美洲

Zuid-Amerika

非洲

Afrika

亚洲

Azië

澳洲

Australië

大西洋

Atlantische Oceaan

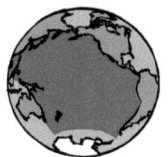

太平洋

Stille Oceaan

印度洋

Indische Oceaan

南冰洋

Zuidelijke Oceaan

北冰洋

Noordelijke IJszee

北极

Noordpool

南极
Zuidpool

南极洲
Antarctica

地球
aarde

陆地
land

海
zee

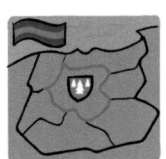

岛
eiland

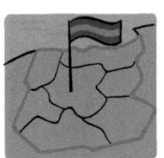

国家
natie

国家
staat

钟面

wijzerplaat

时针

uurwijzer

分针

minutenwijzer

秒针

secondewijzer

现在几点？

Hoe laat is het?

天

dag

时间

tijd

现在

nu

电子表

digitaal horloge

分

minuut

时

uur

周
week

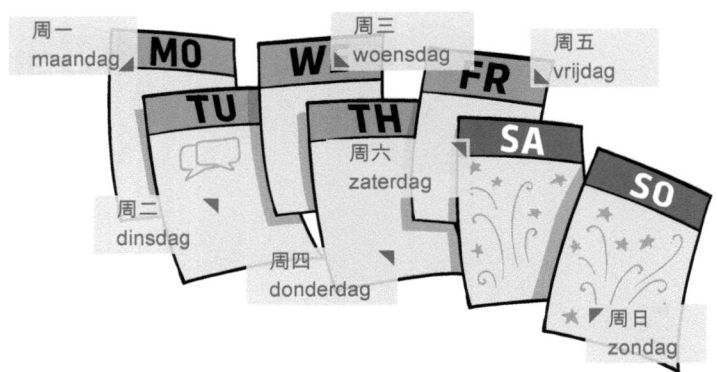

周一 maandag
周二 dinsdag
周三 woensdag
周四 donderdag
周五 vrijdag
周六 zaterdag
周日 zondag

昨天

gisteren

今天

vandaag

明天

morgen

早晨

ochtend

中午

middag

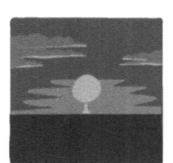

晚上

avond

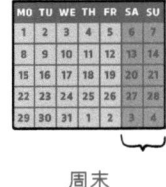

工作日

werkdagen

周末

weekend

雨
regen

彩虹
regenboog

风
wind

雪
sneeuw

春
voorjaar

秋
herfst

夏
zomer

冬
winter

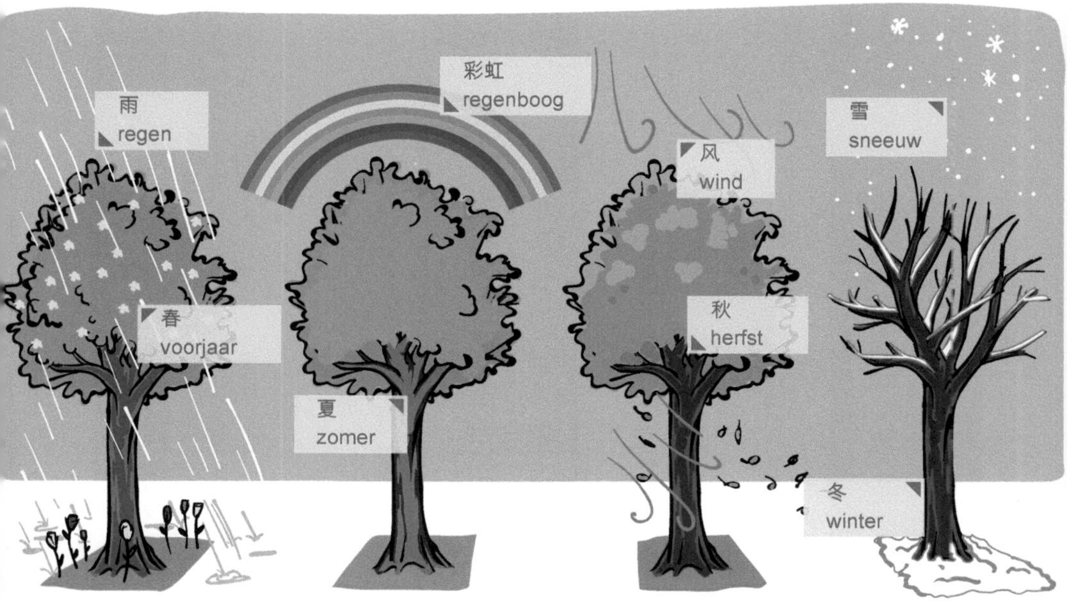

天气预报

weerbericht

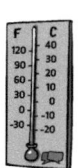

温度计

thermometer

阳光

zonneschijn

云

wolk

雾

mist

潮湿

luchtvochtigheid

闪电

bliksem

打雷

donder

风暴

storm

冰雹

hagel

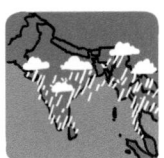

季风

moesson

洪水

overstroming

冰

ijs

一月

januari

二月

februari

三月

maart

四月

april

五月

mei

六月

juni

七月

juli

八月

augustus

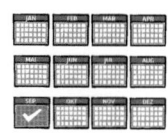

九月

september

十月

oktober

十一月

november

十二月

december

形状

vormen

圆形

cirkel

正方形

vierkant

长方形

rechthoek

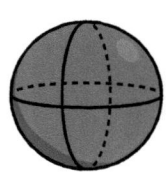

三角形

driehoek

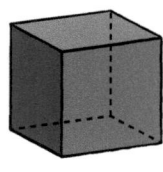

球体

bol

立方体

kubus

白
....
wit

黄
....
geel

橙
....
oranje

粉
....
roze

红
....
rood

紫
....
paars

蓝
....
blauw

绿
....
groen

棕
....
bruin

灰
....
grijs

黑
....
zwart

很多/少许

veel / weinig

生气/平静

boos / rustig

美/丑

mooi / lelijk

首/尾

begin / einde

大/小

groot / klein

明/暗

licht / donker

兄弟/姐妹

broer / zus

干净/肮脏

schoon / vies

完整/缺失

volledig / onvolledig

白天/晚上

dag/ nacht

死/生

dood / levend

宽/窄

breed / smal

可食用/非食用

eetbaar / oneetbaar

邪恶/善良

gemeen / aardig

兴奋/无聊

opgewonden / verveeld

胖/瘦

dik / dun

第一/最后

eerste / laatste

朋友/敌人

vriend / vijand

满/空

vol / leeg

硬/软

hard / zacht

重/轻

zwaar / licht

饿/渴

honger / dorst

生病/健康

ziek / gezond

非法/合法

illegaal / legaal

聪明/愚笨

intelligent / dom

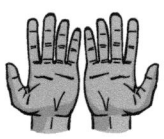

左/右

links / rechts

近/远

dichtbij / ver

新/旧

nieuw / gebruikt

没有/有些

niets / iets

老/幼

oud / jong

开/关

aan / uit

打开/合上

open / gesloten

安静/吵闹

zacht / luid

富/穷

rijk / arm

对/错

goed / fout

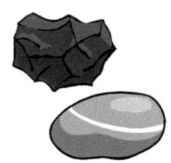

粗糙/光滑

ruw / glad

伤心/高兴

verdrietig / gelukkig

短/长

kort / lang

慢/快

langzaam / snel

湿/干

nat / droog

温暖/凉爽

warm / koel

战争/和平

oorlog / vrede

反义词 - tegenstellingen

数字

getallen

0
零
nul

1
一
één

2
二
twee

3
三
drie

4
四
vier

5
五
vijf

6
六
zes

7
七
zeven

8
八
acht

9
九
negen

10
十
tien

11
十一
elf

12
十二
twaalf

13
十三
dertien

14
十四
veertien

15
十五
vijftien

16
十六
zestien

17
十七
zeventien

18
十八
achttien

19
十九
negentien

20
二十
twintig

100
百
honderd

1.000
千
duizend

1.000.000
百万
miljoen

英语
....
Engels

美式英语
....
Amerikaans Engels

普通话
....
Chinees Mandarijn

印地语
....
Hindi

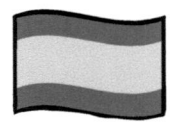

西班牙语
....
Spaans

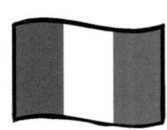

法语
....
Frans

阿拉伯语
....
Arabisch

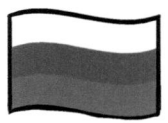

俄语
....
Russisch

葡萄牙语
....
Portugees

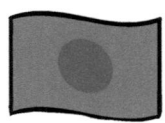

孟加拉语
....
Bengalees

德语
....
Duits

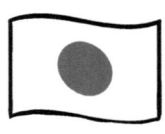

日语
....
Japans

我

ik

你

jij

他/她/它

hij / zij / het

我们

wij

你们

jullie

他们

zij

谁？

wie?

什么？

wat?

怎样？

hoe?

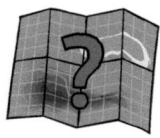

哪里？

waar?

什么时候？

wanneer?

名字

naam

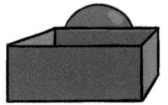

后面

achter

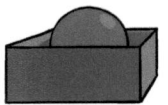

里面

in

前面

voor

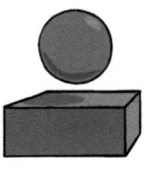

上方

boven

上面

op

下面

onder

旁边

naast

中间

tussen

地点

plaats